This F%@#ing Recipe Book Belongs to...

....

....

Table of Contents

Table of Contents

Table of Contents

Table of Contents

F*@#ing Recipe ....

Source ....

F*@#ing Ingredients

....

....

....

....

....

....

....

....

....

....

....

....

Special F*@#ing Tips...

....

....

....

....

F*@#ing Directions

F*@#ing Recipe ....

Source ....

F*@#ing Ingredients

....
....
....
....
....
....
....
....
....
....
....
....
....
....

Special F*@#ing Tips...

....
....
....
....

F*@#ing Directions

F*@#ing Recipe

Source

F*@#ing Ingredients

Special F*@#ing Tips...

F*@#ing Directions

F*@#ing Recipe ....

Source ....

F*@#ing Ingredients

....

....

....

....

....

....

....

....

....

....

....

....

Special F*@#ing Tips...

....

....

....

....

F*@#ing Directions

F*@#ing Recipe ....

Source ....

F*@#ing Ingredients

....

....

....

....

....

....

....

....

....

....

....

....

Special F*@#ing Tips...

....

....

....

....

F*@#ing Directions

F*@#ing Recipe ....

Source ....

F*@#ing Ingredients

....

....

....

....

....

....

....

....

....

....

....

....

Special F*@#ing Tips...

....

....

....

....

F*@#ing Directions

F*@#ing Recipe ....

Source ....

F*@#ing Ingredients

....

....

....

....

....

....

....

....

....

....

....

Special F*@#ing Tips...

....

....

....

....

F*@#ing Directions

F*@#ing Recipe ....

Source ....

F*@#ing Ingredients

....

....

....

....

....

....

....

....

....

....

....

....

Special F*@#ing Tips...

....

....

....

....

F*@#ing Directions

F*@#ing Recipe ....

Source ....

F*@#ing Ingredients

....

....

....

....

....

....

....

....

....

....

....

....

....

Special F*@#ing Tips...

....

....

....

....

F*@#ing Directions

F*@#ing Recipe ....

Source ....

F*@#ing Ingredients

....

....

....

....

....

....

....

....

....

....

....

....

Special F*@#ing Tips...

....

....

....

....

....

F*@#ing Directions

F*@#ing Recipe ....

Source ....

F*@#ing Ingredients

....

....

....

....

....

....

....

....

....

....

....

....

Special F*@#ing Tips...

....

....

....

....

F*@#ing Directions

F*@#ing Recipe ....

Source ....

F*@#ing Ingredients

....

....

....

....

....

....

....

....

....

....

....

....

Special F*@#ing Tips...

....

....

....

....

....

F*@#ing Directions

F*@#ing Recipe ....

Source ....

F*@#ing Ingredients

....

....

....

....

....

....

....

....

....

....

....

Special F*@#ing Tips...

....

....

....

....

F*@#ing Directions

F*@#ing Recipe ....

Source ....

F*@#ing Ingredients

....

....

....

....

....

....

....

....

....

....

....

....

Special F*@#ing Tips...

....

....

....

....

F*@#ing Directions

F*@#ing Recipe ....

Source ....

F*@#ing Ingredients

....

....

....

....

....

....

....

....

....

....

....

Special F*@#ing Tips...

....

....

....

....

F*@#ing Directions

F*@#ing Recipe ....

Source ....

F*@#ing Ingredients

....

....

....

....

....

....

....

....

....

....

....

....

....

Special F*@#ing Tips...

....

....

....

....

F*@#ing Directions

F*@#ing Recipe ....

Source ....

F*@#ing Ingredients

....

....

....

....

....

....

....

....

....

....

....

....

Special F*@#ing Tips...

....

....

....

....

F*@#ing Directions

F*@#ing Recipe ....

Source ....

F*@#ing Ingredients

....
....
....
....
....
....
....
....
....
....
....
....

Special F*@#ing Tips...

....
....
....
....

F*@#ing Directions

F*@#ing Recipe ....

Source ....

F*@#ing Ingredients

....

....

....

....

....

....

....

....

....

....

....

....

Special F*@#ing Tips...

....

....

....

....

F*@#ing Directions

F*@#ing Recipe ....

Source ....

F*@#ing Ingredients

....

....

....

....

....

....

....

....

....

....

....

....

Special F*@#ing Tips...

....

....

....

....

F*@#ing Directions

F*@#ing Recipe ....

Source ....

F*@#ing Ingredients

....

....

....

....

....

....

....

....

....

....

....

....

....

....

Special F*@#ing Tips...

....

....

....

....

F*@#ing Directions

F*@#ing Recipe ....

Source ....

F*@#ing Ingredients

....

....

....

....

....

....

....

....

....

....

....

....

Special F*@#ing Tips...

....

....

....

....

F*@#ing Directions

F*@#ing Recipe ....

Source ....

F*@#ing Ingredients

....

....

....

....

....

....

....

....

....

....

....

....

Special F*@#ing Tips...

....

....

....

....

F*@#ing Directions

F*@#ing Recipe ....

Source ....

F*@#ing Ingredients

....
....
....
....
....
....
....
....
....
....
....
....
....

Special F*@#ing Tips...

....
....
....
....

F*@#ing Directions

F*@#ing Recipe ....

Source ....

F*@#ing Ingredients

....
....
....
....
....
....
....
....
....
....
....
....

Special F*@#ing Tips...

....
....
....
....

F*@#ing Directions

F*@#ing Recipe ....

Source ....

F*@#ing Ingredients

....

....

....

....

....

....

....

....

....

....

....

Special F*@#ing Tips...

....

....

....

....

F*@#ing Directions

F*@#ing Recipe ....

Source ....

F*@#ing Ingredients

....

....

....

....

....

....

....

....

....

....

....

Special F*@#ing Tips...

....

....

....

....

F*@#ing Directions

F*@#ing Recipe

Source

F*@#ing Ingredients

Special F*@#ing Tips...

F*@#ing Directions

F*@#ing Recipe

Source

F*@#ing Ingredients

Special F*@#ing Tips...

F*@#ing Directions

F*@#ing Recipe ....

Source ....

F*@#ing Ingredients

....

....

....

....

....

....

....

....

....

....

....

Special F*@#ing Tips...

....

....

....

....

F*@#ing Directions

F*@#ing Recipe ....

Source ....

F*@#ing Ingredients

....

....

....

....

....

....

....

....

....

....

....

....

Special F*@#ing Tips...

....

....

....

....

F*@#ing Directions

F*@#ing Recipe ....

Source ....

F*@#ing Ingredients

....

....

....

....

....

....

....

....

....

....

....

Special F*@#ing Tips...

....

....

....

F*@#ing Directions

F*@#ing Recipe ....

Source ....

F*@#ing Ingredients

....
....
....
....
....
....
....
....
....
....
....
....

Special F*@#ing Tips...

....
....
....
....

F*@#ing Directions

F*@#ing Recipe ....

Source ....

F*@#ing Ingredients

....

....

....

....

....

....

....

....

....

....

....

....

Special F*@#ing Tips...

....

....

....

....

F*@#ing Directions

F*@#ing Recipe ....

Source ....

F*@#ing Ingredients

....

....

....

....

....

....

....

....

....

....

....

Special F*@#ing Tips...

....

....

....

....

F*@#ing Directions

F*@#ing Recipe ....

Source ....

F*@#ing Ingredients

....

....

....

....

....

....

....

....

....

....

....

Special F*@#ing Tips...

....

....

....

....

F*@#ing Directions

F*@#ing Recipe ....

Source ....

F*@#ing Ingredients

....

....

....

....

....

....

....

....

....

....

....

Special F*@#ing Tips...

....

....

....

....

F*@#ing Directions

F*@#ing Recipe ....

Source ....

F*@#ing Ingredients

....

....

....

....

....

....

....

....

....

....

....

....

Special F*@#ing Tips...

....

....

....

....

F*@#ing Directions

F*@#ing Recipe ....

Source ....

F*@#ing Ingredients

....

....

....

....

....

....

....

....

....

....

....

Special F*@#ing Tips...

....

....

....

....

F*@#ing Directions

F*@#ing Recipe

Source

F*@#ing Ingredients

Special F*@#ing Tips...

F*@#ing Directions

F*@#ing Recipe ....

Source ....

F*@#ing Ingredients

....

....

....

....

....

....

....

....

....

....

....

....

Special F*@#ing Tips...

....

....

....

....

F*@#ing Directions

F*@#ing Recipe

Source

F*@#ing Ingredients

Special F*@#ing Tips...

F*@#ing Directions

F*@#ing Recipe ....

Source ....

F*@#ing Ingredients

....

....

....

....

....

....

....

....

....

....

....

....

Special F*@#ing Tips...

....

....

....

....

F*@#ing Directions

F*@#ing Recipe ....

Source ....

F*@#ing Ingredients

....

....

....

....

....

....

....

....

....

....

....

Special F*@#ing Tips...

....

....

....

....

F*@#ing Directions

F*@#ing Recipe ....

Source ....

F*@#ing Ingredients

....

....

....

....

....

....

....

....

....

....

....

....

....

Special F*@#ing Tips...

....

....

....

....

F*@#ing Directions

F*@#ing Recipe ....

Source ....

F*@#ing Ingredients

....
....
....
....
....
....
....
....
....
....
....
....

Special F*@#ing Tips...

....
....
....
....

F*@#ing Directions

F*@#ing Recipe ....

Source ....

F*@#ing Ingredients

....
....
....
....
....
....
....
....
....
....
....
....

Special F*@#ing Tips...

....
....
....
....

F*@#ing Directions

F*@#ing Recipe ....

Source ....

F*@#ing Ingredients

....

....

....

....

....

....

....

....

....

....

....

....

....

Special F*@#ing Tips...

....

....

....

....

F*@#ing Directions

F*@#ing Recipe ....

Source ....

F*@#ing Ingredients

....

....

....

....

....

....

....

....

....

....

....

....

Special F*@#ing Tips...

....

....

....

....

F*@#ing Directions

F*@#ing Recipe ....

Source ....

F*@#ing Ingredients

....

....

....

....

....

....

....

....

....

....

....

....

Special F*@#ing Tips...

....

....

....

....

F*@#ing Directions

F*@#ing Recipe ....

Source ....

F*@#ing Ingredients

....

....

....

....

....

....

....

....

....

....

....

Special F*@#ing Tips...

....

....

....

....

F*@#ing Directions

F*@#ing Recipe ....

Source ....

F*@#ing Ingredients

....

....

....

....

....

....

....

....

....

....

....

Special F*@#ing Tips...

....

....

....

....

F*@#ing Directions

Published in 2017 by
F%@#ing Cookbooks

Printed in the United States of America

33288931R00061

Made in the USA
Lexington, KY
10 March 2019